Inhalt

Die türkische Zielgruppe - Ein fruchtbarer Boden für Ethno-Marketing

Kernthesen

Beitrag

Fallbeispiele

Weiterführende Literatur

Impressum

GENIOS WirtschaftsWissen Nr. 07/2005 vom 04.07.2005

Die türkische Zielgruppe - Ein fruchtbarer Boden für Ethno-Marketing

E.Krug

Kernthesen

- Unkenntnis und Missverständnisse zum Thema Ethno-Marketing führen häufig dazu, dass das Potenzial unterschätzt und vernachlässigt wird. (1)
- Bislang ist es den Werbungtreibenden offensichtlich verborgen geblieben, dass in Deutschland die Zielgruppe der jungen konsumorientierten und zudem auch kauffreudigen Türken sehr groß ist. (1), (2)
- Über die türkischen Verbraucher in

Deutschland gibt es immer noch zu wenig Datenmaterial und vorhandene Informationen werden meist falsch interpretiert oder nicht genutzt. (1), (2)

Beitrag

Unter Berücksichtigung der Tatsache, dass Ethno-Marketing seit einigen Jahren in der Branche kein Fremdwort mehr ist, muss man sich umso deutlicher die Frage stellen, warum dieses Thema hier in Deutschland noch immer sehr schwierig zu sein scheint. Mit einer Kaufkraft von zirka EUR 17,5 Milliarden jährlich darf die türkische Zielgruppe an und für sich auf keinen Fall von werbungtreibenden Unternehmen ignoriert werden. (1), (2)

Was in den Ländern wie den USA, Frankreich oder den Niederlanden absolut üblich ist, scheint es in Deutschland immer noch eine rätselhafte Angelegenheit zu sein. So zumindest lautet ein Ergebnis der Studie Erfolg durch Ethnic-Marketing die türkische Zielgruppe, welche gegen Ende 2004 erschienen ist. Die Studie wurde vom Handelsmagazin EuroTürk und der Unternehmensberatung bbw Marketing in Neuss durchgeführt. Immer noch schrecken deutsche

Unternehmen vor dem Mehraufwand an Zeit und Geld zurück, da das Datenmaterial über türkische Immigranten noch sehr dürftig ist. (1), (2)

Türkische Konsumenten eine lukrative Zielgruppe

In Deutschland leben ungefähr 1,9 Millionen Türken (inklusive eingebürgerte Türken: in etwa 2,7 Millionen). Von ihnen sind über 50 Prozent zwischen 15 und 45 Jahre alt und dementsprechend im Schnitt jünger als die Deutschen. Die türkischen Verbraucher konsumieren und investieren hauptsächlich in Deutschland. Waren früher die Türken in erster Linie daran interessiert, in Deutschland Geld zu verdienen, um es dann, zurückgekehrt in die Türkei, dort auszugeben, so hat sich heute die Situation grundlegend geändert, da nur noch wenige Türken in die Türkei zurückgehen wollen. Im Klartext heißt das auch, dass die Sparneigung gesunken und die Konsumneigung deutlich gestiegen ist. Der Deutschtürke verkonsumiert in der Regel 80 Prozent Haushaltseinkommens. Zudem sind die türkischen Verbraucher wesentlich offener der Werbung gegenüber, als die deutschen Konsumenten und das Qualitäts- und Markenbewusstsein ist noch viel ausgeprägter. (1), (2), (3)

Fakt ist, die türkische Kundschaft ist nicht nur für türkische, sondern auch für deutsche Unternehmen sehr wichtig und darf bei den Marketingmaßnahmen nicht unberücksichtigt bleiben. Ethno-Marketing ist mehr als gefragt und muss sehr gut durchdacht und geplant sein. (4)

Ursachen für die distanzierte Haltung deutscher Unternehmen gegenüber Ethno-Marketing

Das Grundproblem scheint in der Vorarbeit zu liegen, die beim Marketing unumgänglich ist, um die Zielgruppe wirklich zu erfassen und kennen zu lernen. Das Datenmaterial über die türkische Zielgruppe ist, wenn überhaupt vorhanden, häufig unausgegoren, falsch dargestellt oder wird falsch genutzt. (1)
So waren sich die Unternehmen kaum an Ethno-Marketingaktivitäten heran, was wiederum bewirkt, dass Kundengewinnung und Kundenbeziehungs-Management im notwendigen Maße kaum möglich sind. Ein Teufelskreis also, der die Unternehmen oft frühzeitig von Ethno-Marketingmaßnahmen Abstand nehmen lässt. (1), (2)
Diverse, allerdings noch sehr wenige, deutsche Unternehmen haben bereits Erfahrungen mit

Dialogkampagnen für türkische Verbraucher und sind zu der eindeutigen Erkenntnis gekommen, dass es sich wirklich lohnt. (vgl. Cases) (2)

Erfolgreiches Ethno-Marketing für türkische Verbraucher erfordert Fingerspitzengefühl

Um Ethno-Marketingaktivitäten erfolgreich zu gestalten ist es unumgänglich, sich mit der Mentalität von Migranten vertraut zu machen, um die entsprechende Zielgruppe auf kultureller, religiöser und ästhetischer Ebenen passend anzusprechen. Das ist vor allem für ein auf die türkischen Verbraucher zugeschnittenes Marketing sehr wichtig, da diese sich durch eine zumeist nicht-christliche Religionszugehörigkeit und relativ ausgeprägte andersartige Kultur deutlich von den deutschen Konsumenten unterscheiden. Eine banale Übersetzung von deutschen Werbetexten in die türkische Sprache wäre vollkommen ungenügend, da es sich immer seltener um sprachliche Probleme handelt, die die türkischen Migranten vor den Kopf stoßen könnten. Es sind, wie gesagt, vielmehr kulturelle, religiöse und ästhetische Befindlichkeiten, die verletzt werden könnten und somit potenzielle

Kunden eventuell vertreiben würden. Vor allem humorvolle Werbung muss sehr gründlich durchdacht sein, da der Humor der Türken ganz anders gelagert ist. Es gibt ganz andere Sprichwörter, Symbole usw.. Das alles sollte mit absolutem Feingefühl bei Marketingkampagnen beachtet werden. Außerdem gibt es in der Werbung kaum türkische Migranten, ganz zu schweigen von türkischen Testimonials. (1), (2), (5), (6)

Türkische Medien sind durchaus relevante Werbeträger

Nicht nur das Marketing für die türkische Zielgruppe wird in Deutschland sehr vernachlässigt, sondern darüber hinaus auch die türkischen Medien als Werbeträger. Die in Deutschland lebenden Türken bevorzugen türkische Fernsehsender und türkische Printmedien. Ebenso, wie für deutsche Konsumenten, ist das Fernsehen das beliebteste Medium. (1), (6), (7) Für Dialogmarketingaktionen eignet sich bestens das Telefon. Das Telefon ist der Hauptkommunikationskanal und die Einbindung von Call Centern deshalb meist sinnvoll, da die Ansprache per Telefon sich absolut erfolgreich erweist. Die Call Center sollten aber mit türkischsprachigen Mitarbeitern besetzt sein. Auch das Internet spielt inzwischen, vor allem für die jüngeren Türken, eine sehr wichtige Rolle als Marketingkanal. Allerdings ist auch hier zu beachten, dass sich Telefonmarketing, Mobile Marketing oder Online-Marketing in eine sinnvoll geplante Ethno-Marketingkampagne einfügen. (2)

Fallbeispiele

Beispiel für Agenturen, die sich auf Ethno-Marketing spezialisiert haben

Tulay & Kollegen CommunicationsDie Tochtergesellschaft der Full-Service-Agentur Tulay & Kollegen wurde in München für interkulturelle Kommunikation eröffnet und konzentriert sich vor allem auf die werbliche Ansprache der Türken in Deutschland. Darüber hinaus wird es auch spezielle Kampagnen für Griechen Polen, Russen und Ex-Jugoslawen geben.
Kunden der Agentur: T-Com, DKV, GE Money Bank, Audi, GEZ (2), (8)

Beispiel für erfolgreiches Ethno-Marketing

FiatEs besteht ein Joint Venture zwischen Fiat und dem türkischen Autobauer Tofas, der Fiat-Kleintransporter in der Türkei produziert und anschließend nach Deutschland exportiert.
Potenzielle Kunden: türkische Gewerbetreibende in Deutschland
Konzept: mehrstufige Dialogkampagne in der diese Zielgruppe speziell angesprochen wurde
Partner: die Berliner Agentur Lab One Urban Marketing
Vorteil: Durch das Joint Venture wird das Nationalgefühl der Türken angesprochen. Das Teasermailing für die Kampagne wurde aus der Türkei versandt. Bei der ersten Mailingaktion griffen Fiat und Tofas auf Adressen zurück, die sie von unterschiedlichen Anbietern gemietet oder erworben hatten. (2)

Beispiel für unterschiedlich aufgemachte Werbung

Audi A3Im Jahr 2003 konzipierte Tulay & Kollegen einen Kalender für den Audi A3. Die Bilder für die türkische Zielgruppe unterschieden sich deutlich von denen für die deutsche Zielgruppe. Im deutschen Kalender waren die Farben der Autos dunkel und gedeckt in einer vorwiegenden Winteratmosphäre, im türkischen Kalender dagegen waren die Farben hell und die Landschaften sonnig um Heimatstimmung und Urlaubsgefühl zu vermitteln. (2)

Unternehmen, die Ethno-Marketing bereits ausprobiert haben

Deutsche Bank, Citybank, Karlsruher Versicherungen, Otto Versand, Bayer, DymlerChrysler, Fiat, Deutsche Telekom, Vodafone etc. (1)

Weiterführende Literatur

(1) Zollinger, Peter, Markenbewusste Mitbürger, Türken in Deutschland sind jung, konsumorientiert und kaufkräftig, HORIZONT, 12.05.2005, S. 62
aus Der Handel Nr.12 vom 01.12.2004 Seite 038

(2) Wanderer zwischen zwei Welten: Die türkische Zielgruppe
aus Direkt Marketing, Heft 4/2005, S. 48-53

(3) Marken als Kultur-Brücke
aus media & marketing Nr. 1-2 vom 26.01.2005 Seite 060

(4) Neue Fassade
aus Der Handel Nr. 05 vom 04.05.2005 Seite 010

(5) Hoffmann, Thomas, "Meine Comedy-Show kennt keine Grenzen", HORIZONT, 12.05.2005, S. 60
aus Der Handel Nr. 05 vom 04.05.2005 Seite 010

(6) Wir gehören nun mal dazu
aus media & marketing Nr. 1-2 vom 26.01.2005 Seite 063

(7) Zollinger, Peter, Medien machen sich für Integration stark, HORIZONT, 12.05.2005, S. 58
aus media & marketing Nr. 1-2 vom 26.01.2005 Seite 063

(8) Tulay & Kollegen Communications Agentur für Ethno-Marketing in München startklar
aus Der Kontakter Nr. 13 vom 29.03.2005 Seite 012

Impressum

Die türkische Zielgruppe - Ein fruchtbarer Boden für Ethno-Marketing

Bibliografische Information der deutschen Nationalbibliothek

Die Deutsche Nationalbibliothek verzeichnet diese Publikation in der deutschen Nationalbibliografie; detaillierte bibliografische Daten sind im Internet über http://dnb.d-nb.de abrufbar.

ISBN: 978-3-7379-0717-0

© 2015 GBI-Genios Deutsche Wirtschaftsdatenbank GmbH, Freischützstraße 96, 81927 München, www.genios.de

Alle Rechte vorbehalten. Dieses Werk ist einschließlich aller seiner Teile – z.B. Texte, Tabellen und Grafiken - urheberrechtlich geschützt. Jede Verwertung außerhalb der Grenzen des Urheberrechtsgesetzes bedarf der vorherigen Zustimmung des Verlags. Dies gilt insbesondere auch für auszugsweise Nachdrucke, fotomechanische

Vervielfältigungen (Fotokopie/Mikroskopie), Übersetzungen, Auswertungen durch Datenbanken oder ähnliche Einrichtungen und die Einspeicherung und Verarbeitung in elektronischen Systemen.